Balamkú

Xánath Caraza

Translated by Sandra Kingery

Pandora Lobo Estepario Productions Press
Chicago/Oaxaca

© 2019 Xánath Caraza, Text in Spanish
© 2019 Sandra Kingery, English translation
© 2019 Stephen Holland-Wempe, Photos
© 2019 Elizabeth Coonrod Martínez, Foreword / Prólogo
©2019 Pandora Lobo Estepario Productions™, publisher

All rights reserved. No part of this book may be reproduced in any manner without the express written consent of the Publisher, except in the case of brief excerpts in critical reviews or articles. All inquiries should be addressed to:
Pandora Lobo Estepario Productions™,
1239 N. Greenview Ave. Chicago, IL 60642

All rights reserved.

Primera Edición / First Edition

ISBN—10: 1-940856-39-6
ISBN—13: 978-1-940856-39-1

Library of Congress Control Number: 2019902715

Gratitude to Westchester Community College Humanities Institute for their support during the creation of *Balamkú*.

Gracias al Westchester Community College Humanities Institute por su apoyo durante la creación de *Balamkú*.

Índice Index

Foreword by Elizabeth Coonrod Martínez	v
Prólogo por Elizabeth Coonrod Martínez	xii
Palabras previas	xx
Prior Words	xxi

I. Vuelvo a ti I Return to You

Vuelvo a ti	1
I Return to You	2
Jaguar	4
Jaguar	5
Flores de lumbre	6
Flowers of Flame	7
Cadenas de sílabas	8
Chains of Syllables	9
Hojarasca	10
Fallen Leaves	11
Los primeros rayos	14
First Rays of Light	15

II. Corazón de hierba Heart of Grass 17

Corazón de hierba	18
Heart of Grass	19
Raíces	20
Roots	21
Tlacuilo	26
Tlacuilo	27
Onírica agua	30
Oneiric Water	31
Secreto entre las hojas	36
Secrets among Leaves	37
En las yemas de los dedos	40
On the Tips of My Fingers	41

i

Las múcuras	44
The Múcura Jugs	45
III. Edzná	47
Edzná	48
Edzná	49
Estirpe ancestral	52
Ancestral Lineage	53
Las iguanas	58
The Iguanas	59
IV. Calakmul	63
Señor de jade	64
Lord of Jade	65
Líquida selva	66
Liquid Jungle	67
Las grietas viejas	70
Old Crevasses	71
Tierra antigua	72
Ancient Land	73
Sangra la mano	76
My Hand Bleeds	77
Tarde he llegado	80
With My Late Appearance	81
Lleva mi canto	84
It Carries My Song	85
Sueño sonoro	86
Resonant Dream	87
V. Hochob	89
Los anillos de la serpiente	90
The Rings of the Serpent	91
Brisa celeste	92
Celestial Breeze	93
Las flores se desbordan	96
Flowers Overflow	97
Las compuertas de jade	100

Jade Gates	101
VI. Dzibilnocac	103
En las piedras mayas	104
On Mayan Stone	105
Cuidadoras de los diseños	106
Protectors of the Designs	107
La flor de piedra	108
The Flower of Stone	109
Conectado al tiempo	112
Connected to Time	113
VII. Tabasqueño	117
Sombra de hojas de jade	118
Shadows of Leaves of Jade	119
Aliento de sílabas rojas	120
Breath of Red Syllables	121
Sagrado espectro de la selva	124
Sacred Specter of the Jungle	125
Ritmos de agua y de selva	128
Rhythms of Water and Jungle	129
Eco de la selva	132
Echo of the Jungle	133
Chaac engulle mi aliento	136
Chaac Devours My Breath	137
Recibes mi canto	140
You Receive My Song	141
Tabasqueño	142
Tabasqueño	143
Corriente verde	146
Green Current	147
VIII. Tohcok	149
Doy mi voz a ti	150
I Give My Voice to You	151
Agua de los chultunes	154
Water of the Chultuns	155

IX. Santa Rosa Xtampak	157

Santa Rosa Xtampak	158
Santa Rosa Xtampak	159
El cuartel en Xtampak	162
The Barracks at Xtampak	163
El ciempiés	164
The Centipede	165

X. Balamkú	169

El templo del jaguar	170
The Temple of the Jaguar	171
Balamkú	174
Balamkú	175
Kinich Ahua	178
Kinich Ahua	179

XI. Chicanná	183

Las entrañas de la luz	184
The Heart of Light	185
La boca de la serpiente	188
The Mouth of the Serpent	189

XII. Becán	191

En silencio observa	192
In Silent Observation	193
Cambio de piel	194
The Shedding of the Skin	195

XIII. Xpuhil	197

Xpuhil	198
Xpuhil	199

Foreword

Elizabeth Coonrod Martínez
DePaul University

> Iguanas of Mayan stone
> come alive with the sun.
> Rhythms of water and of jungle,
> roar of Chaac in the belly,
> pleasure paralyzes.
> **Rhythms of water and of jungle**
> Xánath Caraza

There are a thousand registered ancient Maya city sites just in the Mexican state of Campeche (west side of the Yucatán peninsula), including the dozen visited by poet Xánath Caraza, where she composed the poems in this text.

Balamkú is one of those sites, and most moving to view and experience. It is small for a Maya site, and yet still covers 62 acres, with structures in two sections: one of which has three plazas, the other four, and a large ballcourt. Its architectural style is in the Petén tradition. Only re-discovered and opened in 1990, the site's highlight is an elaborate and extraordinary plaster fresco or frieze, protected through the centuries due to being enclosed in the interior of a building. The huge display is of three side-by-side sets of complex images and designs, 50 feet wide and some 10 feet high, with one side somewhat reduced/destroyed. The images communicate musical instruments and a jaguar god (hence the name *balamkú*). When we visited, only two could enter at a time: upon encountering the frieze my friend and I were stunned, she with tears in her eyes, needing a moment to commune with the spirits. Xánath's words on this site brought back chills as I read it:

I intone the sacred word,
the first since ancient
time, resonant memories.

Flower and song I offer,
the nacre smoke of copal
coils its aroma in my voice.

We visited Balamkú almost by chance. In the city of Campeche (on the Gulf coast) for a conference in 2017, I traveled with a small group to tour Calakmul, a 5-hour drive from the city. On the way I asked the tour guide about Balamkú, which I had heard was nearby. He was excited I knew of it, and asked the other members of our group if they were willing to stop there, as it would cut short some of our time at Calakmul. They agreed, and we had our moving encounter.
We did not walk the Balamkú site, as Xánath did, due to time constraints for our day trip. But we left inspired. Only 30 miles away, after passing wild turkeys near the road, we arrived to Calakmul, excited to climb the twin tallest temples in the main section of the compound. "Calakmul" is not the original name of the extensive polity that ruled for hundreds of years, it

is the 20th century term used in regional Maya, meaning the place where two temples are adjacent. From the top our view was expansive: thick forests and the tops of other structures near and far. Howler monkeys swung from trees nearby, and iguanas peeked out from crevices.

Once we descended, the tour guide wanted to talk up what he thought tourists wanted to hear, sacrifice, laying his body across a flat rock to demonstrate. We instead sought out the writing still partially visible on stelaes. It has been documented that Calakmul, when first viewed by an outside person in 1930, had 117 stelaes with historic inscriptions—more than any city in the region! By now at least half have been defaced with stolen/removed portions. There were elaborate murals found here which revealed people consuming atole, tamales and tabaco, as well as items being sold, including textiles and needles, and ceramic remains found here were from distant origins. Xánath's words evoke its extraordinary qualities.

Calakmul, you carry
history in stone.
You impose greatness.

Honor vibrates in
the concave atmosphere.

Dense wisdom
encases the body.

The foliage of

the ceiba tree saturate
ancestral roofs.

Tunnels of shadow
are wounded by
occasional beams of sunshine.

Infinite carpet
of moss receives
the steps.

Your acropolises of
ancestral stone
take my breath away.

I adore you, ancient land,
imposing Calakmul.

Your never-ending jungle
absorbs me.

I am nothing before you!

Small altars
marked with the flower
fill with blood.

It flows from the stone
until penetrating the earth.

Jaguar observes me,
I feel his breath.

At twenty miles before the modern Guatemala border, this amazing treasure of an ancient city is little recognized by international tourists who visit Cancun and only make a side trip to Chichén Itzá. Other tourists might see Tikal in Guatemala and Palenque in Mexico. What is fascinating is to track and understand the interlinking and histories of the extensive interior sites. Calakmul has origins—with several others in the Petén region—from 200BCE; it began thriving in the Late preclassic era (before 400CE), same as Tikal, with which it shares a big difference: Tikal became influenced, or in part conquered, by the Teotihuacán political system in central Mexico, while Calakmul created its own power base.

By the mid-6th century it had defeated cities far and wide, including Caracol, Naranjo (a vassal of Tikal), Yaxchilán near the important Usumacinta River, and Tikal shortly afterward (Tikal would not become independent again for 130 years). Archaeologists have documented at least 20 secondary centers (large cities) connected by a causeway, or extensive road system in all directions, thus aiding travel for resources, politics or battle. The metropolis was surrounded by canals and 13 reservoirs. In addition to centralized plazas and clusters of tall structures, archaeologists have mapped 6,250 smaller structures. Notably, Calakmul and its allies also featured female rulers, or male and female together, unlike Tikal.

After two massive campaigns to defeat Palenque in 611 (to achieve control of important trade routes), Calakmul remained the most powerful city-state in the central Maya lowlands to as late as 686. Half a century later, it appears Calakmul assisted Quiriguá (on the Atlantic coast) in capturing and defeating Copán (Honduras), a former ally of Tikal.

This polity's emblem glyph—the snake (Kaan) head, (a powerful metaphor representing all three levels of the universe)—has been found in examples of writing at more ancient sites in the Maya lowlands than any other emblem. In 849, although no longer the supreme power in the Petén, the Snake dynasty is mentioned on a stelae in Seibal. The Yucatec speakers encountered by Spanish explorers in northern Petén, the Kejache, were likely descendants of the Kaan presence.

      Native civilization has long been ignored and denigrated by our educational system, due to the colonizing message, and an attitude passed from generation to generation in our societies. During my own grade school in Mexico City it was common for our textbooks to state that in the peninsulas of Yucatán and Baja (not yet declared states) there were cannibals and headhunters. While perplexing, it reinforced ongoing colonial racism.

The ancient cities of our hemisphere, Calakmul, Balamkú, others under the "Maya" umbrella term, and many in central Mexico, are important to view and study. Xánath Caraza's verses will provide a spiritual roadmap.

Suggested readings:

Carrasco, Ramón, María Cordero. "Chik Naab: La pintura mural de Calakmul." *Arqueología Mexicana* XXII (128, July-Aug). México: Editorial Raíces, 2014; 46-51.

Braswell, Jeffrey E., etal. "Defining the The Terminal Classic at Calakmul, Campeche." *The Terminal Classic in the Maya lowlands: Collapse, Transition and Transformation.* UP of Colorado, 2005; 162-194.

Folan, William J., etal. "Calakmul: New Data from an Ancient Mayan Capitol in Campeche." *Latin American Antiquity* 6.4; 310-334 (JSTOR)

Martin, Simon and Nikolai Grube. *Chronicle of the Maya Kings and Queens: Deciphering the Dynasties of the Ancient Maya.* London: Thames & Hudson, 2000

Rice, Prudence, Don S. Rice. "Sixteenth- and Seventeenth-Century Maya Political Geography." *The Postclassic to Spanish-Era Transition in Mesoamerica: Archaeological Perspectives.* U of New Mexico P, 2005

Rodríguez Campero, Omar. "Características de la composición urbana de los centros de Calakmul, Balamkú y Nadzcáan." *Simposio de Investigaciones Arqueológicas en Guatemala*, 2007. Guatemala: Museo Nacional de Arqueología y Etnología XXI; 427-457.

Salvador Rodríguez, Eduardo. "La ciudad de Calakmul." *Arqueología Mexicana* XXII (128, July-Aug). México: Editorial Raíces, 2014; 28-35.

Sharer, Robert J. and Loa P. Traxler. *The Ancient Maya* (6th revised ed.). Stanford UP, 2006.

Zimmerman, Mario. "Los nuevos hallazgos en la estructura III." *Arqueología Mexicana* XXII (128, July-Aug). México: Editorial Raíces, 2014; 52-57.

Prólogo

Elizabeth Coonrod Martínez
DePaul University

> Las iguanas de piedra maya
> cobran vida con el sol.
> Ritmos de agua y de selva,
> rugido de Chaac en el vientre,
> el placer paraliza.
>
> **Ritmos de agua y de selva**
> **Xánath Caraza**

Hay más de mil sitios mayas antiguos registrados sólo en el estado mexicano de Campeche (el lado oeste de la Península de Yucatán), incluyendo la docena visitada por la poeta Xánath Caraza donde compuso los poemas en este texto.

Balamkú es uno de esos sitios, el más conmovedor de todos para ver y experimentar. Es pequeño para ser un sitio maya, y aún así cubre sesenta y dos acres, con estructuras en dos secciones: una de las cuales tiene tres plazas, la otra cuatro y una extensa cancha de pelota. Su estilo arquitectónico es parte de la tradición del Petén. Fue tan sólo redescubierto y abierto en 1990, lo más destacado del lugar es un fresco revocado o friso elaborado y extraordinario, protegido a través de los siglos por estar localizado en el interior de un edificio. La monumental muestra es tres conjuntos de imágenes y diseños uno al lado del otro, cincuenta pies de ancho y aproximadamente diez pies de alto, con uno de los lados ligeramente reducido/destruido. Las imágenes comunican instrumentos musicales y un dios jaguar (de ahí el nombre *Balamkú*). Cuando lo visitamos, sólo dos personas podían entrar a la vez: al enfrentarnos con el friso mi amiga y yo nos quedamos estupefactas, ella con lágrimas en los ojos, necesitando un momento para comulgar con los espíritus. Las palabras de Xánath sobre este lugar me regresaron los escalofríos experimentados al estar frente al friso.

Entono la palabra sagrada,
la primera desde el tiempo
antiguo, sonoros recuerdos.

Flor y canto ofrezco,
el nacarado humo de copal
enrosca su aroma en la voz.

Visitamos Balamkú casi por casualidad. Viajé desde la ciudad de Campeche (en la costa del Golfo), a la que fui para una conferencia en 2017, con un grupo pequeño para recorrer Calakmul, a cinco horas de la ciudad. En camino le pregunté al guía sobre Balamkú que sabía estaba cerca. Él se emocionó al saber que conocía del sitio y preguntó a los otros miembros del grupo si estarían dispuestos a parar ahí, ya que reduciría nuestro tiempo en Calakmul. Todos aceptaron y tuvimos nuestro emotivo encuentro. No caminamos el sitio de Balamkú como Xánath lo hizo por restricciones de tiempo en nuestro viaje de un día. Mas salimos inspirados. Tan sólo a treinta millas, después de encontrarnos con pavos salvajes en el camino, llegamos a Calakmul, entusiasmados por subir los templos gemelos más altos en la sección principal del complejo.

"Calakmul" no es el nombre original del extenso sistema gubernamental que rigió por cientos de años. Es el término del siglo XX usado en el maya regional, significa el lugar de dos templos adyacentes. Desde la cima nuestra vista fue amplia: bosques espesos y las puntas de otras estructuras cercanas y lejanas. Los monos aulladores se pasaban de árbol en árbol y las iguanas se asomaban por entre las grietas.

Una vez que descendimos, el guía quiso hablar de lo que pensó los turistas querían escuchar, los sacrificios, colocando su cuerpo sobre una piedra de superficie plana para demostrarlo. Por otro lado nosotros buscábamos la escritura aún visible en las estelas. Ha sido documentado que Calakmul, cuando fue visto por primera vez por una persona ajena en 1930, tenía 117 estelas con inscripciones históricas—¡más que cualquier ciudad en la región! Hasta el día de hoy la mitad, por lo menos, han sido mutiladas con porciones robadas o removidas. Había murales elaborados que se encontraban aquí que revelaban personas consumiendo atole, tamales y tabaco, como también artículos que se vendían, incluyendo textiles y agujas; y restos de cerámica encontrados aquí con orígenes remotos. Las palabras de Xánath evocan estas cualidades extraordinarias.

Calakmul, la historia
en la piedra llevas.
Impones grandeza.

El honor vibra en
la cóncava atmósfera.

Densa sabiduría
recubre el cuerpo.

Las frondas de
la ceiba saturan
los ancestrales techos.

Los túneles de sombra
son heridos por
ocasionales rayos de sol.

Infinita alfombra
de musgo
recibe los pasos.

Tus acrópolis de
ancestral piedra
quitan el aliento.

Te venero, tierra antigua,
imponente Calakmul.

Tu interminable selva
me absorbe.

¡Soy nada frente a ti!

Pequeños altares
marcados con la flor

se llenan de sangre.

Fluye desde la piedra
hasta penetrar la tierra.

Jaguar me observa,
siento su respiración.

A veinte millas antes de la frontera moderna con Guatemala, este increíble tesoro de ciudad antigua es poco reconocido por turistas internacionales que visitan Cancún y sólo hacen un viaje opcional a Chichén Itzá. Otros turistas puede que vean Tikal en Guatemala y Palenque en México. Lo que es fascinante es rastrear y comprender las interconexiones e historias de los extensos sitios interiores. Calakmul tiene orígenes—con otros tantos en la región del Petén—de 200 ANE; comenzó a prosperar en la era preclásica tardía (antes de 400 NE), igual que Tikal, con el cual comparte una gran diferencia: Tikal fue influenciado, o en parte conquistado, por el sistema político de Teotihuacán en México central mientras Calakmul creó su propia base de poder.

Para la mitad del siglo VI había vencido ciudades a lo largo y ancho, incluyendo Caracol, Naranjo (un vasallo de Tikal), Yaxchilán cerca del importante río Usumacinta y Tikal poco más tarde (130 años después Tikal sería independiente otra vez). Los arqueólogos han documentado por lo menos veinte centros secundarios (ciudades grandes) conectados por una carretera elevada o un sistema extensivo de caminos en todas direcciones, de este modo facilitando el viaje para buscar recursos, la política o las batallas. La metrópolis estaba rodeada por canales y trece reservorios. Además de plazas centrales y conjuntos de estructuras altas, los arqueólogos han levantado un mapa de 6,250 estructuras más pequeñas. Notablemente, Calakmul y sus aliados también registraron mujeres gobernantes, u hombres y mujeres gobernantes juntos, diferente de Tikal. Después de dos campañas masivas para vencer a Palenque en 611 (para lograr el control de importantes rutas comerciales), Calakmul se mantuvo como el sitio-estado más poderoso en las tierras bajas centrales mayas hasta finales de 686. Medio siglo después, parece que Calakmul auxilió Quiriguá (en la costa del Atlántico) al capturar y derrotar Copán (Honduras), un antiguo aliado de Tikal.

El emblema glifo de este sistema gubernamental—la Cabeza de Serpiente (Kaan), (una metáfora poderosa que representa los tres niveles del universo)—es el emblema que ha sido mayormente encontrado en ejemplos de escritura en sitios más antiguos en las tierras bajas mayas. En 849, aunque ya no el poder supremo en el Petén, la dinastía Serpiente es mencionada en una estela en Seibal. Los hablantes de Yucateco encontrados por los exploradores españoles en el Petén norteño, los Kejache, probablemente eran descendientes de la presencia Kaan.

La civilización nativa ha sido largamente ignorada y denigrada por nuestro sistema educativo, debido al mensaje colonialista, y a una actitud transmitida de generación en generación en nuestras sociedades. Durante mis propios estudios de primaria en la Ciudad de México era común que nuestros textos declararan que en las penínsulas de Yucatán y Baja California (aún no reconocidas como estados) había caníbales y cazadores de cabezas. Al tiempo que perplejo, reforzaba un continuo racismo colonial. Las ciudades antiguas de nuestro hemisferio, Calakmul, Balamkú, otras bajo el término amplio "maya" y muchas en el México central son importantes para ser vistas y para ser estudiadas. Los versos de Xánath Caraza nos proveerán de un mapa de ruta espiritual.

Lecturas sugeridas:
Carrasco, Ramón, María Cordero. "Chik Naab: La pintura mural de Calakmul." *Arqueología Mexicana* XXII (128,July-Aug). México: Editorial Raíces, 2014; 46-51.
Braswell, Jeffrey E., etal. "Defining the The Terminal Classic at Calakmul, Campeche." *The Terminal Classic in the Maya lowlands: Collapse, Transition and Transformation.* UP of Colorado, 2005; 162-194.
Folan, William J., etal. "Calakmul: New Data from an Ancient Mayan Capitol in Campeche." *Latin American Antiquity* 6.4; 310-334 (JSTOR)
Martin, Simon and Nikolai Grube. *Chronicle of the Maya Kings and Queens: Deciphering the Dynasties of the Ancient Maya.* London: Thames & Hudson, 2000
Rice, Prudence, Don S. Rice. "Sixteenth- and Seventeenth-Century Maya Political Geography." *The Postclassic to Spanish-Era Transition in Mesoamerica: Archaeological Perspectives.* U of New Mexico P, 2005
Rodríguez Campero, Omar. "Características de la composición urbana de los centros de Calakmul, Balamkú y Nadzcáan."

Simposio de Investigaciones Arqueológicas en Guatemala, 2007 Guatemala: Museo Nacional de Arqueología y Etnología XXI; 427-457.

Salvador Rodríguez, Eduardo. "La ciudad de Calakmul." *Arqueología Mexicana* XXII (128, July-Aug). México: Editorial Raíces, 2014; 28-35.

Sharer, Robert J. and Loa P. Traxler. *The Ancient Maya* (6th reviseded.). Stanford UP, 2006.

Zimmerman, Mario. "Los nuevos hallazgos en la estructura III." *Arqueología Mexicana* XXII (128, July-Aug).México: Editorial Raíces, 2014; 52-57.

Palabras Previas

Mis raíces son indígenas por el lado materno, reconocerlas y darme cuenta que soy parte de la gran familia maya despierta en mí un fuego abrasante. Me ha hecho redescubrir nuestras junglas de jade, mis costas, mares azogados y luminosos, a lo largo del este mexicano. Muchos sitios arqueológicos me han llamado y yo he contestado. Los ancestros mayas en Campeche me han guiado a centros ceremoniales en medio de junglas tropicales entre tábanos, nauyacas, mariposas, aroma a jaguar y pasos en la hojarasca. En respuesta, yo los honro con mi poesía. Me uno a ellos con cantos, de mi propia voz, entonados en cada uno de estos sitios rituales que conforman este poemario, Edzná, Calakmul, Hochob, Dzibilnocac, Tabasqueño, Tohcok, Santa Rosa Xtampak, Balamkú, Chicanná, Becán, Xpuhil. En Balamkú ofrecí poesía dentro de la pirámide donde se encuentra el friso ceremonial. Era yo la única visitante, como en la mayor parte de estos sitios engullidos, y por lo tanto protegidos, por la selva; y, quiero pensar que, quizá haya sido la única persona que después de cientos de años ha leído poesía en Balamkú. La belleza y fuerza espiritual de estos sitios mayas me sobrecoge con tan solo recordarlos. Ojalá, querido lector, que la hojarasca, las piedras mayas, el viento y la serpiente líquida de jade acompañen tus pasos en cada una de estas páginas.

Xánath Caraza

Prior Words

My roots are indigenous on my mother's side; recognizing them and realizing that I am part of the great Mayan family awakens a burning fire within me. It has made me rediscover our jade jungles, my coasts, luminous quicksilver seas throughout eastern Mexico. Many archaeological sites have called me, and I have responded. The Mayan ancestors in Campeche have guided me to ceremonial centers in the middle of tropical jungles surrounded by horseflies, nauyaca serpents, butterflies, the smell of jaguar, and footsteps on fallen leaves. In response, I honor them with my poetry. I join them in song, in my own voice, intoned in every one of the ritual sites that constitute this collection, Edzná, Calakmul, Hochob, Dzibilnocac, Tabasqueño, Tohcok, Santa Rosa Xtampak, Balamkú, Chicanná, Becán, Xpuhil. In Balamkú, I made an offering of poetry within the pyramid where the ceremonial frieze is found. I was the only visitor, as was the case in most of these sites that have been swallowed up and, therefore, protected by the jungle; and I would like to think that I may perhaps have been the only person to read poetry in Balamkú in hundreds of years. The beauty and spiritual strength of those Mayan sites overwhelms me the moment I recall them. I hope, dear reader, that the fallen leaves, the Mayan rocks, the wind, and the liquid serpent of jade accompany your steps on every one of these pages.

Xánath Caraza

I. Vuelvo a ti, I Return to You

Vuelvo a ti

Vuelvo a ti,
serpiente líquida
de jade.

Ondulados recuerdos
llevan a tu corazón.

El camino se abre,
los minutos pasan.

Vuelvo a ti, poesía
de la espesa jungla.

Jaguar con su rugido
seduce mi oído.

Siento la densa
agua del mar.

Los ojos se inundan
de suave movimiento.

Pasión sonora.

El oído se enreda
con la espesa corriente
del traslúcido jade.

Vuelvo a ti.

I Return to You

I return to you,
liquid serpent
of jade.

Undulating memories
lead to your heart.

The path opens,
minutes pass.

I return to you, poetry
of the dense jungle.

Jaguar's roar
seduces my ear.

I feel the dense
water of the sea.

My eyes flood
with gentle movement.

Resonant passion.

My ear becomes entangled
with the dense current
of translucent jade.

I return to you.

Jaguar

Canta en mi penumbra
e inunda de flores mi voz.

Que las voces de las abuelas
me arrullen en las noches sin luna.

Que tus rugidos resuenen
en la bóveda vacía de esta jungla.

Que se vaya la oscuridad,
los abuelos llenen de luz la mañana.

¡Trae poesía, Jaguar!
Y con ella el viento del sur.

In xóchitl in cuicatl enredada
en mi larga cabellera negra.

Viento dulce y aroma a jazmín
hasta mi adolorido corazón.

Que el norte, sur, este y oeste
escuchen tu sonoro canto.

Abrázame, Jaguar, envuélveme
con tus poderosas garras.

Jaguar

Sing in my penumbra
and flood my voice with flowers.

May the voices of the grandmothers
lull me to sleep on moonless nights.

May your roars reverberate
in the empty dome of this jungle.

May darkness depart
and grandfathers fill the morning with light.

Bring poetry, Jaguar!
And with it the wind of the south.

In xochitl in cuicatl entangled
in my long black hair.

Sweet wind and scent of jasmine
reach my yearning heart.

May the north, south, east, and west
hear your resonant song.

Embrace me, Jaguar, cloak me
in your powerful claws.

Flores de lumbre

Con la fuerza del fuego
los ríos se derraman.

Jaguar se sumerge
en las profundidades.

En la densa agua encuentra
al palpitante corazón.

Es ahora que los ambarinos
líquidos lo arrastran.

Contra corriente nada
el incontrolable Jaguar.

Llena su cuerpo de
flores de lumbre.

Extiende sus garras
para encontrarme.

Emanan de su rugido
abrasantes ondas sonoras.

Hiende la fuerza
de este río en llamas.

Ruge hasta llegar
a la superficie.

Flowers of Flame

With the force of the fire
rivers overflow.

Jaguar plunges
into the depths.

He finds in the dense water
the pulsating heart.

And now the amber-colored
liquids drag him.

Against the current
the irrepressible Jaguar swims.

He fills his body with
flowers of flame

extending his claws
to find me.

Scorching waves of sound
emerge from his roar.

He slices through the force
of this flaming river

roaring until the surface
is broached.

Cadenas de sílabas

El constante ronroneo
traiciona al jaguar escondido.

Paraje de tinta y papel
lo encierro con fuego y aire.

Como cazadora de poesía
lo acecho entre junglas

de palabras y senderos
llenos de secretos.

Mi pluma lo persigue,
lo encuentro de frente.

Me mira en silencio,
correspondo con intensidad.

Cadenas de sílabas
enganchan las miradas.

Nos unen para siempre,
no puede escapar.

Chains of Syllables

Constant purring
betrays the hidden jaguar.

Expanse of ink and paper
I enclose him with fire and air.

Like a hunter of poetry
I stalk him among jungles

of words and paths
full of secrets.

My pen pursues him,
I find him before me.

He watches me in silence,
I reciprocate with intensity.

Chains of syllables
entrap our gazes.

They unite us forever,
he cannot escape.

Hojarasca

Lo indomable llega.

Derretidas flores escurren
de la humedad celeste.

Vapor de incontrolables humores.

La silenciosa oscuridad
de la selva mezclada
con el ulular del viento.

Choca en los ojos,
rompe los párpados.

Catarata de densos recuerdos,
sudor en los cuerpos.

Madera que se pudre
en el corazón de la jungla.

Alfombra de mariposas
antes de llegar al río.

Hojarasca, ábrete
y cruje bajo los pies.

El despreocupado andar
no teme los coralillos

Fallen Leaves

That which is indomitable arrives.

Melted flowers trickle
from celestial humidity.

Steam of uncontrollable humors.

The jungle's silence
and darkness woven
with the howling of the wind.

It strikes the eyes,
breaks eyelids.

Waterfall of dense memories,
bodily sweat.

Wood decomposing
in the heart of the jungle.

Carpet of butterflies
before reaching the river.

Fallen leaves, extend yourselves
and crunch underfoot.

Carefree steps
do not fear coral snakes

ni las tarántulas que
cruzan el ocre sendero.

El rumor del agua aumenta.
La distancia se acorta.

Oscuridad y viento
deslavan el último beso.

Ahogadas caricias arrastradas
por lacustres corrientes.

No hay dolor,
no hay canto,
no hay llanto.

or tarantulas that
cross the ochre path.

The murmur of water swells.
The distance is shrinking.

Darkness and wind
sap the final kiss's strength.

Labored caresses dragged
by lacustrine currents.

There is no pain,
there is no song,
there is no weeping.

Los primeros rayos

Invoca la música
y las canoras aves
reciben su letra.

El fulgurante amanecer
despunta sin temor.

El mono aullador
anuncia la mañana.

Los primeros rayos
están llenos de melancolía.

Quiso alcanzar la luna
y su vientre se colmó
de agua de mar.

Sus senos cubiertos
de traslúcidas algas.

Invoca la música y
de la piedra nace el rayo.

Con éste el fragor
del viento.

El alba rompe los miedos.

Los abrasa con su
intensidad de fuego.

Ella escribe.

First Rays of Light

She invokes music
and songbirds
receive their lyrics.

Radiant daybreak
sparkles fearlessly.

Howler monkeys
proclaim the morning.

The first rays of light
are filled with melancholy.

She tried to reach the moon
but her womb was awash
in seawater.

Her breasts covered
with translucent algae.

She invokes music and
from rock the lightning bolt is born.

And with it the roar
of the wind.

The sunrise dissipates fears.

It burns them with the
intensity of its fire.

She writes.

Cada pétalo hechiza, every petal betwitches

II. Corazón de hierba, Heart of Grass

Corazón de hierba

Llevo el pecho
tatuado de sombras.

Manuscrito de flores
y hierba en la piel.

Soy el lienzo de la
húmeda mañana.

Guardo azogados secretos
de ancestrales voces.

En las células, el floripondio
escribe su aroma.

Cada pétalo hechiza
la voz de Ehécatl.

La sangre brota
del implacable viento.

Corta la flor,
desprende los pétalos.

Crea la pócima
de sonidos lacustres.

Corazón de hierba,
late con la luz.

Trémulas sombras
en el pecho.

Heart of Grass

My chest is
tattooed with shadows.

Manuscript of flowers
and grass on my skin.

I am the canvas of the
humid morning.

I safeguard restless secrets
of ancestral voices.

In my cells, Angel's Trumpet
inscribes its scent.

Every petal betwitches
the voice of Ehecatl.

Blood sprouts
from the implacable wind.

Cut the flower,
pull off the petals.

Create the potion
of lacustrine sounds.

Heart of grass,
beat with the light.

Tremulous shadows
on my chest.

Raíces

Es la luz del cerro
la que trae la lluvia.

Invoco la canción
de bronce y las alas
del colibrí tiemblan.

No me detengo
en este recorrido.

Canto y grito en la
oscuridad de la nube.

Silente humedad.

Suenan los tambores
de piel y barro.

En la distancia
se advierte el trueno,
ruge el aire
agitados lamentos.

Se intensifica el aroma
de la lluvia, la presiento.

Rompo el agua
y el nido se inunda.

Roots

The light on the hill
brings us rain.

I invoke the bronze song
and the wings
of the hummingbird tremble.

I don't pause
along this journey.

I sing and shout in the
darkness of the cloud.

Silent humidity.

Drums of leather
and clay ring out.

In the distance
thunder rumbles,
the air bellows
agitated lamentations.

The aroma of the rain
intensifies, I sense it.

I break the water
and the nest floods.

Los alacranes andan,
cubren las piernas.

Escapo con el trueno.

Madre tierra,
abre tus brazos,

recíbeme en este
huir sin rumbo.

Conecta mis raíces a la tierra.
Dame tregua, naturaleza.

Deja que las lianas
de mi corazón desbocado
enraícen.

Los lobos se acercan,
corren desde la montaña.

No dejan de aullar y
la luna nace sangrante.

Agua lunar,
la noche
me abraza,
luz de luna
en el mar.

Scorpions scurry,
covering legs.

I escape with the thunder.

Mother earth,
open your arms,

receive me in this
aimless flight.

Connect my roots to the earth.
Grant me relief, nature.

Let the liana vines
of my runaway heart
take root.

Wolves approach,
descending from the mountain.

They continue howling and
the blood moon is born.

Lunar water,
night
embraces me,
moonlight
on the sea.

Ábrete, camino
plateado y deja
mis penas fluir.

Que mis raíces
se ensarten
en el corazón
de agua.

Se borden en el corazón
de bronce, corazón alacrán,
bermejo latir.

Corazón enterrado
en la tierra,
en la primigenia roca.

Corazón azul, vuela,
la luz de luna se acaba.

Inquietas raíces aéreas,
vibran otra vez en la mirada.

Sin agua el dolor
no acaba,
el dolor deslava.

Open, silver path
and let
my sorrows flow.

Let my roots
be threaded
through the heart
of water.

Let them be embroidered
upon the bronze heart, scorpion
heart, crimson beating.

Heart buried
in the earth,
in primal rock.

Blue heart, fly away,
moonlight's ending.

Restless aerial roots
vibrate once again in my gaze.

Without water pain
does not cease,
pain fades away.

Tlacuilo

De agua se colman
las raíces aéreas
con la lluvia de verano.

Son estas las que necesitan
sustrato donde enraizar.
Embriagante suelo, recíbelas.

El sonido del bronce en el
aire llena de golpe la piel.

No somos nada,
solo aire de azogue.

Somos lienzo del
Tlacuilo donde graba
nuestra historia.

Colores de jade, turquesa
cochinilla y añil.

Bruma plúmbea donde
los recuerdos
se encuentran.

El sueño de jade
se esfuma con
la respiración.

Tlacuilo

With the summer rain
water fills
aerial roots.

The ones that need
substrate to hold onto.
Intoxicating ground, receive them.

The sound of bronze in the
air fills the skin suddenly.

We are nothing,
only quicksilver air.

We are canvas of the
Tlacuilo where our
history is recorded.

Colors of jade, turquoise
cochineal and indigo.

Leaden haze where
memories
are found.

The dream of jade
vanishes with
respiration.

El carmín sentir late
entre corales y cangrejos.

La ancestral caracola
nos invoca en el papel amate.

Corazón de jade
áurea diástole
y sístole turquesa

Muevan la sangre,
nuestra historia.

Carmine heartbeat
among corals and crabs.

The ancestral conch
invokes us on amate paper.

Heart of jade
golden diastole
and turquoise systole

They move blood,
our history.

Onírica agua

La onírica agua brota de mis senos.

Comienzo esta nueva página
con colores vegetales.

Se despierta la montaña.

El humo en la distancia no quema
solo marca el camino,
no derrumba sueños,
muestra dónde ir.

Esta vegetación exuberante
como música en la tierra,
susurro de las abuelas,
me acompaña.

Una fronda de verde profundo
me da sombra y siento
las hortensias de mi niñez.
Las descubro brillantes.

Opalescente bruma,
otra vez la música,
vibrante pulsación,
arrastra mi voluntad.

La lluvia me sorprende
en el bosque de niebla.

Oneiric Water

Oneiric water wells from my breasts.

I begin this new page
with vegetable colors.

The mountain awakes.

The smoke in the distance does not burn
it only marks the path,
it does not topple dreams,
it shows where to go.

This exuberant vegetation
like music in the soil,
murmuring of grandmothers,
accompanies me.

A deep green canopy
shades me and I feel
the hydrangeas of my youth.
I am struck by their radiance.

Opalescent haze,
music once again,
vibrant pulsation,
it tugs on my desire.

Rain catches me by surprise
in the fog-filled forest.

Una ola en la memoria caracol
en los recovecos del alma.

Son estas ensortijadas aguas
las que invitan a entrar
y me zambullo en ti,
mar de recuerdos.

Toco el fondo
sin luz y sin tiempo,
abismo de tinta y papel,
de corrientes salvajes.

Remolinos de dolor
y las mariposas
se filtran
en esta oscura agua.

La superficie arriba,
bordada con luz del sol,
áureo aletear
de sílabas amarillas.

Anaranjado vuelo,
inhalo el aire de primera vez
y retomo mi rumbo en esta
barca de madera verde.

Olorosa tierra, di
mi nombre en voz alta.

A wave in spiralling memory
in hidden corners of the soul.

These twisted waters
invite us in
and I dive into you,
sea of memories.

I touch bottom
without light and without time,
chasm of ink and paper,
of wild currents.

Whirlwinds of pain
and butterflies
permeate
this dark water.

The surface above,
embroidered with sunlight,
golden wingbeat
of yellow syllables.

Orange flight,
I inhale first-time air
and find my way again in this
green-wooded boat.

Fragrant soil, say
my name aloud.

¡Fui guerrera!

Traigo la marca en el vientre.

Escarificado el aire en el rostro.

Poemas tatuados en la espalda.

Fui guerrera de tinta y papel.

Sumergida en las páginas,
envuelta en la oscuridad
del zafiro silencio.

Del papel la flora renace,
los caracteres se forman
con tinta que fluye
desde las arterias.

Sin luz y sin tiempo,
estas nacaradas
páginas atrapan.

I was a warrior woman!

I carry the mark on my belly.

Air scarified on my face.

Poems tattooed on my back.

I was a warrior of ink and paper.

Submerged on the pages,
enveloped in the darkness
of sapphire silence.

From paper flora is reborn,
characters are formed
with ink that flows
from the arteries.

Without light and without time,
these nacre
pages ensnare.

Secretos entre las hojas

Mi destino es andar con el viento.
Caminar entre verdes amarillos
y brillantes hojas, exuberante flora.

Las hojas de los platanales a través
de mi onírica realidad.

¿Acaso existes?

¡Entrelazados sueños!

Las sombras cubren el andar,
distingo extendidas frondas
entre lágrimas rojas.

La mirada se enfoca,
percibe la tierra ocre,
que se levanta.

No importan los dorados frutos.

La densa niebla rodea
impide el impetuoso andar.

No hay recuerdos ni nostalgia,
solo luz a través de la ventana.

Secrets among Leaves

My destiny is to move with the wind.
To walk among yellowish green
and shiny leaves, exuberant flora.

The leaves of the banana grove
through my oneiric reality.

Do you really exist?

Intertwined dreams!

Shadows conceal my movement,
I distinguish widespread leaves
between red tears.

My gaze homes in,
it perceives the ochre soil
rising.

No matter the golden fruits.

Dense fog encircles
impedes impetuous movement.

There are no memories or nostalgia,
only light through the window.

Aroma a dulces orquídeas,
suculentos pétalos intoxican
la imaginación.

En las copas de las ceibas
se borda el viento.

El recuerdo de la tierra
susurra canto en mi oído.

Voz ancestral,
sigue derramando
tus secretos en las hojas.

Scent of sweet orchids,
succulent petals intoxicating
the imagination.

In the crowns of the ceiba trees
the wind is embroidered.

The memory of the soil
whispers songs in my ear.

Ancestral voice,
continue spilling
your secrets upon the leaves.

En las yemas de los dedos

Traigo a los ancestros tatuados
en las yemas de los dedos.

Huellas dactilares,
única identificación.

Su sangre se revuelve
en las manos.

Los salvajes movimientos
reviven la historia.

Un trazo en la página,
una sílaba renace.

Los humeantes espíritus
se levantan del papel.

Siento a los ancestros en la sangre.

Los transpiro cada día,
circulan en rojo.

Brotan los tatuajes
en mi rostro.

Movimiento y poesía
giran en la piel.

On the Tips of My Fingers

I carry the ancestors tattooed
on the tips of my fingers.

Fingerprints,
unique identification.

Blood stirs
in my hands.

Fierce movements
revive history.

A stroke of the pen on the page,
a syllable reborn.

Smoky specters
arise from the paper.

I sense the ancestors in my blood.

I perspire them every day,
they move about in red.

Tattoos emerge
on my face.

Movement and poetry
spiral on my skin

Emanan los ancestros de mis dedos.
Se concentran como
hilo de oro en las puntas.

Cubren mis uñas
con sus cantos.

Se alargan hasta tocar
el corazón de jade.

¡Palpita, huehuetl prohibido!
¡Resuena, teponastle prohibido!

Salgan de la página a llenar
el mundo con sus ritmos.

The ancestors radiate from my fingers.
They concentrate like
golden thread on the tips.

They cover my nails
with their songs.

Stretching out until they touch
the heart of jade.

Beat, forbidden huehuetl!
Ring out, forbidden teponaztli!

Escape the page to fill
the world with your rhythms.

Las múcuras

Hoy se ha ofrecido la sangre
para el solsticio de verano.

Las múcuras se han roto.

El fragor invade
la atmósfera como trueno
antes de la tormenta.

No iban llenas
de agua cristalina
sino de bermeja
sangre.

El cielo, pintado
con alba humedad,
se tiñe de sacrificio
dorado como el viento.

La noche no llega
y ya se escuchan las
aves del amanecer.

Hoy se ha ofrecido
barro rojo al solsticio,
sangre antes de la tormenta.

The Múcura Jugs

Today blood was offered
for the summer solstice.

The múcura jugs have broken.

Turmoil invades
the atmosphere like thunder
before the storm.

They were not filled
with crystalline water
but with bright red
blood.

The sky, painted
with dawn's humidity,
is dyed with sacrifice
golden like the wind.

Night doesn't fall
and the chorus of morning birds
is already heard.

Today red clay
has been offered to the solstice,
blood before the storm.

La estirpe ancestral, ancestral lineage

III. Edzná

Edzná

El corazón arde en Edzná.

¿Es acaso amor puro lo que quema?

¿Es poesía que recorre la sangre?

Hoy en la cima frente a ti
pirámide de antaño,
cultura del sur, mi sur.

Entre las piedras viejas
las iguanas emergen,
custodios de los *sacbeob*,
de los sagrados pasos.

La arena blanca me guía
en este andar de selva y
filigrana en la piedra.

Solsticio y equinoccio
son recibidos en las
pirámides mayas.

Luz y sombra
fuego y agua
arriba y abajo.

Iguana de piedra,
anda y muéstrame

Edzná

The heart burns in Edzná.

Could it be pure love that burns?

Is it poetry that traverses the blood?

Today on the peak before you
pyramid of bygone days,
culture of the south, my south.

Between old stones
iguanas emerge,
guardians of the *sacbeob*,
of sacred footsteps.

White sands guide me
as I walk the jungle and
filigree on stone.

Solstice and equinox
are received in
Mayan pyramids.

Light and shadow
fire and water
above and below.

Stone iguana,
come and show me

los secretos de ayer.

Es el tiempo enterrado
el que emana de la roca
como incienso blanco
como iguana de humo.

Marca el sendero
con copal y cambia de piel,
igual que yo, en Edzná.

Que los primeros dioses
escuchen mi ofrenda:
la palabra,
aliento de sílabas,
aleteo de mariposas.

Selva, engulle mi voz.
Hazla vibrar
entre los nichos
de las pirámides.

Convierte mis poemas
en eco infinito,
sonido del corazón.

Que se una a las lenguas
perdidas en el tiempo.

(Zona arqueológica de Edzná, Campeche, México, 5 de agosto de 2016)

the secrets of yesteryear.

It is buried time
that radiates from the rock
like white incense
like iguana of smoke.

Mark the path
with copal and change skin,
like me, in Edzná.

May the first gods
hear my offering:
the word,
breath of syllables,
beating wings of butterflies.

Jungle, devour my voice.
Make it vibrate
among the niches
of the pyramids.

Convert my poems
in infinite echo,
sound of the heart.

May it join the tongues
lost in time.

(Archaeological Zone of Edzná, Campeche, Mexico, 5 August 2016)

Estirpe ancestral

La savia de la ceiba en la sangre,
la fuerza del huracán en la voz.

Fluye la selva en el cuerpo,
y en las pirámides sagradas.

Son las escalinatas hacia
las estrellas las que hacen
divina la palabra.

Los túneles al inframundo
van cargados de agua.

El cocodrilo recibe
con las fauces abiertas,
el murciélago guía
en la oscuridad de las páginas.

Mar quieto, eres centelleante
agua hasta el infinito.

Mar verde de altivas ceibas.
Corazón de selva maya.

Se ofrece el papel amate
para guardar la imagen.

El verde con delicadeza
se mueve con el viento.

Ancestral Lineage

Sap of the ceiba tree in the blood,
force of the hurricane in the voice.

The jungle flows in the body,
and in sacred pyramids.

These staircases toward
the stars make
the word divine.

The tunnels to the underworld
are filled with water.

The crocodile receives
with open jaws
the bat god guides
on the darkness of the pages.

Peaceful sea, you are sparkling
water until infinity.

Green sea of arrogant ceibas.
Heart of Mayan jungle.

An offering of amate paper
to store the image.

Green moving
delicately in the wind.

La mano a su ritmo.

Blancas pirámides como
islas resguardan la sabiduría
de los abuelos.

Los dioses originales
llaman al corazón.

El huracán se acerca
como sigiloso jaguar.

El dios cocodrilo gruñe,
reclama su hembra.
El tiempo ha llegado
y se enrosca en sus pies.

El inframundo
maya se inunda,
una vez más.

Las perlas caen
del cielo y llenan
la piel de escamas.

Las fauces se abren,
hablan las lenguas
perdidas mientras
la caracola seduce
con su voz.

The hand at its own pace.

White pyramids like
islands safeguard the wisdom
of the grandparents.

The original gods
call to the heart.

The hurricane approaches
like stealthy jaguar.

The crocodile god growls,
he claims his female.
Time has come
and coils upon his feet.

Mayan underworld
flooding
once again.

Pearls falling
from the sky filling
the skin with scales.

Jaws open,
they speak
lost tongues while
the conch seduces
with its voice.

Muévete mano,
registra los secretos,
guarda las pinturas
del corazón de la
selva.

Que sobreviva
la estirpe ancestral.

Take motion, hand,
register secrets,
store the paintings
of the heart of the
jungle.

Let the ancestral
lineage survive.

Las iguanas

Las iguanas abren camino
en la cerrada selva.

Van frente a mí
con sus largas colas.

Sagrado *sacbé*, silencio blanco.

Su sinuoso ritmo en
las pirámides, donde mascarones
rojos descansan.

Iguanas en las
puntas de las pirámides.
Amantes del calor solar.

Cambian entre
las escalinatas,
renacen de la roca
y el tiempo.

Brillan con
la luna llena.
Las frondas cierran
el paso,
las iguanas bailan.

En el camino de barro
negro se arrastran,

The Iguanas

The iguanas make their way
in the dense jungle.

They go before me
with their long tails.

Sacred *sacbé*, white silence.

Their sinuous rhythm on
the pyramids, where monstrous red
masks take their rest.

Iguanas on the
points of the pyramids.
Lovers of solar heat.

They change between
staircases,
are reborn from the rock
and time.

They shine with
the full moon.
Foliage closes
the pathway,
the iguanas dance.

Along the black dirt path
they drag themselves,

altivas lucen su cuello.

Sus lenguas capturan
las estrellas en la
humedad de la noche.

El abrasante amanecer
rasga la bóveda celeste
con un trazo carmín,
pinta las pirámides
de aurora.

Las iguanas cantan
a la menudita lluvia,
brillan con el sangrante sol.

arrogantly flaunting their necks.

Their tongues capture
stars in the
dampness of the night.

The sweltering sunrise
rips the celestial cupola
with a carmine stroke,
it paints the pyramids
with break of day.

The iguanas sing
to the soft drizzle,
they shine with the bleeding sun.

Recibe mis palabras, receive my words

IV. Calakmul

Señor de jade

Hoy soy Calakmul
el señor de jade,
de verde eterno.

La montaña sagrada
me absorbe.

El silencioso jaguar
me posee, vibro
con el sol de
la oscuridad.

Soy flor y canto
esencia divina,
palabra y recuerdo.

Aliento que alcanza
la refulgente estrella,
flor de cuatro pétalos.

Soy serpiente,
agua, tierra y aire
son mis dominios.

Soy mariposa sagrada
que transmuta las azules
escamas de las alas
en suave sonido de jade.

Lord of Jade

Today I am Calakmul
the Lord of Jade,
of eternal green.

The sacred mountain
absorbs me.

Silent jaguar
possesses me, I vibrate
with the sun of
darkness.

I am flower and song
divine essence,
word and memory.

Breath that reaches
sparkling star,
four-petaled flower.

I am serpent,
water, land and air
are my domains.

I am sacred butterfly
that transmutes the blue
scales of wings
into the soft sound of jade.

Líquida selva

Cóncava atmósfera,
sofocante,
rompo tus entrañas
con puntas
de luz para
honrarte.

Camino de humo
en Calakmul.

Tucán me recibe
con su negro aletear
con sus penetrantes
ojos traspasa
la humedad.

Las alas rasgan
la densa selva.

Hojas y árboles
colman el silencio
solo el aleteo
se distingue en el andar.

Escondidos en
las copas de las ceibas
los monos arañas observan.

Sus largos brazos son ramas,

Liquid Jungle

Concave atmosphere,
suffocating,
I break your insides
with points
of light to
honor you.

Trail of smoke
in Calakmul.

Toucan receives me
with his black wingbeat
with his penetrating
eyes piercing
humidity.

His wings rip
the dense jungle.

Leaves and trees
fill the silence
only the beating wing
is perceived in the walking.

Hidden in
the crowns of the ceiba trees
spider monkeys observe.

Their long arms are branches,

extensiones de esta jungla
de esmeralda líquida
que penetra la respiración.

Tarántula, guardiana
de las escalinatas
de piedra blanca,
abre sus puertas
y guía hasta
el falo de roca
con la historia
escarificada en la piel.

Calakmul, cubre
de silencio verde
y densa humedad
de hojas y sombra
este poema que escribo.

Jade antiguo,
recibe mis palabras.

Corazón, hazte uno
con la líquida selva.

extensions of this jungle
of liquid emerald
that penetrates our breathing.

Tarantula, guardian
of the staircases
of white stone,
open the doors
and guide to
the rock phallus
with history
scarified on the skin.

Calakmul, cover
with green silence
and dense humidity
of leaves and shadow
this poem I write.

Ancient jade,
receive my words.

Heart, make yourself one
with the liquid jungle.

Las grietas viejas

Altar de piedra volcánica
frente a la estela maya con
cinceladas flores rojas.

Canto en los pétalos,
glifos en la roca,
ritmo con el palpitar
de la jungla líquida.

La ambarina lluvia guía,
hace brillar este espacio
de jade y blancas rocas.

Sagradas estelas mayas,
historia y cantos,
mi esencia en la piedra.

En el corazón de jade
de la jungla maya,
mi sangre entra
en las grietas viejas.

Old Crevasses

Altar of volcanic rock
before the Mayan stele with
chiseled red flowers.

Song in petals,
glyphs on rock,
rhythm with the throbbing
of the liquid jungle.

Amber rain guides me,
makes this space of
jade and white rocks shine.

Sacred Mayan steles,
history and song,
my essence in rock.

In the heart of jade
of the Mayan jungle,
my blood enters
old crevasses.

Tierra antigua

Calakmul, la historia
en la piedra llevas.
Impones grandeza.

El honor vibra en
la cóncava atmósfera.

Densa sabiduría
recubre el cuerpo.

Las frondas de
la ceiba saturan
los ancestrales techos.

Los túneles de sombra
son heridos por
ocasionales rayos de sol.

Infinita alfombra
de musgo
recibe los pasos.

Tus acrópolis de
ancestral piedra
quitan el aliento.

Te venero, tierra antigua,
imponente Calakmul.

Ancient Land

Calakmul, you carry
history in stone.
You impose greatness.

Honor vibrates in
the concave atmosphere.

Dense wisdom
encases the body.

The foliage of
the ceiba tree saturate
ancestral roofs.

Tunnels of shadow
are wounded by
occasional beams of sunshine.

Infinite carpet
of moss
receives the steps.

Your acropolises of
ancestral stone
take my breath away.

I adore you, ancient land,
imposing Calakmul.

Tu interminable selva
me absorbe.

¡Soy nada frente a ti!

Pequeños altares
marcados con la flor
se llenan de sangre.

Fluye desde la piedra
hasta penetrar la tierra.

Jaguar me observa,
siento su respiración.

Your never-ending jungle
absorbs me.

I am nothing before you!

Small altars
marked with the flower
fill with blood.

It flows from the stone
until penetrating the earth.

Jaguar observes me,
I feel his breath.

Sangra la mano

La palma de mi mano
lleva grabada la flor.

Los corazones reposan,
llenos de vida
para honrar con
su último palpitar
al mundo.

Piedra labrada
de verde jungla
fertilizas la tierra
con la densa sangre.

Recoges las flores
de gruesos pétalos
para la eternidad.

Sangra la mano y
la pluma escribe
bermejas palabras
que fluyen como
líquido vital
en las páginas.

Emanan de la piedra
sonoras palpitaciones
y entre los minúsculos
canales corre el agua divina.

My Hand Bleeds

The palm of my hand
bears the engraved flower.

Hearts repose,
full of life
to honor the world
with their last
palpitation.

Carved stone
of jungle green
you fertilize the land
with dense blood.

You gather the
thick-petaled flowers
for eternity.

My hand bleeds and
my pen writes
crimson words
that flow like
vital liquid
on the pages.

Resonant palpitations
seep from the stone
and divine water runs
down miniscule canals.

Inunda los intricados
diseños con gotas
de pasión y memoria,
de sueños y deseos.

La vida se esfuma
en el líquido jade
de la milenaria
jungla en Calakmul.

Jaguar, lame
la palma de mi mano.

It floods the intricate
designs with drops
of passion and memory,
of dreams and desires.

Life fades
in the liquid jade
of the millennial
jungle in Calakmul.

Jaguar, lick
the palm of my hand.

Tarde he llegado

Recinto sagrado
donde la sangre de jade
recorre las venas y arterias.

Líquida atmósfera
de esmeraldas,
se aspira el vapor
de las hojas.

El milenario detritus
de los espíritus de ayer
rastrea las pisadas.

La selva susurra con
frondas cargadas de historia.

Los astros se alinean
en esta ciudad tragada
por la jungla.

Absorbidos por el fango
los pasos dejan huella
en la madre tierra.

La fuerza de las flores
sagradas se activa.

With My Late Appearance

Sacred enclosure
where jade blood
traverses veins and arteries.

Liquid atmosphere
of emeralds,
the mist of leaves
is inhaled.

Millennial debris
of the spirits of yesteryear
trails the footsteps.

The jungle whispers with
foliage weighted with history.

The stars align
in this city swallowed
by the jungle.

Absorbed by the mire
the steps leave their mark
on mother earth.

The force of the sacred flowers
is activated.

Pulsa la sangre
derramada para
el sacrificio.

Aúllan los monos,
advierten mi arribo.

Tarde he llegado,
ya tu calendario
ha cerrado otro ciclo.

Blood pulsates
spilled for
sacrifice.

The monkeys howl,
marking my arrival.

With my late appearance
your calendar has
already closed another cycle.

Lleva mi canto

Ojo de agua mansa
donde nace la selva.

La sagrada ceiba
resguarda la estirpe maya.

No hay ensortijada corriente
que lleve el aire en el agua.

La voz de la selva aún duerme.

Solo las mariposas
recorren la superficie,
revolotean en el corazón
de la ceiba.

Agua nueva
de las arterias
de la tierra,
pulsa tu fuerza vital.

Enrédate en las raíces.

Que mi canto penetre
el cristalino reflejo
y se ensarte en el corazón.

It Carries My Song

Eye of still waters
where the jungle is born.

The sacred ceiba tree
shelters Mayan lineage.

There is no twisted current
that carries air in the water.

The voice of the jungle still sleeps.

Only the butterflies
traverse the surface,
flit along the heart
of the ceiba.

New water
from the arteries
of the earth,
engage your vital force.

Tangle yourself up in the roots.

Let my song penetrate
the crystalline reflection
and thread itself upon your heart.

Sueño sonoro

Subir al pasado
y descubrir
el eterno verde
que fluye
en la voz.

Sueño sonoro,
penetra la roca
y la bronceada piel.

Tiemblan los nidos
de las termitas en
las puntas de las ceibas.

Vibran sus alas
con mi voz,
despiertan de
su largo descanso.

Buscan qué comer
en la oscuridad.

Se agitan las frondas
como enfurecido mar
y las pirámides
proyectan mi voz
al infinito.

Resonant Dream

Climb to the past
and discover
the eternal green
that flows
in the voice.

Resonant dream,
it penetrates the rock
and the bronze skin.

Termite nests
tremble at
the top of the ceibas.

Their wings vibrate
with my voice,
they wake from
their long rest.

They seek something to eat
in the darkness.

Branches rustle
like enraged sea
and the pyramids
project my voice
to infinity.

Jaguar me guía, Jaguar guides me

V. Hochob

Los anillos de la serpiente

Asciendo los anillos de la serpiente.
Pasos verdes en las iridiscentes escamas,
la columna vertebral lleva a las fauces.
Jaguar me guía en este silencioso andar,
marca el ritmo de las pisadas.

La primera imagen es jade puro.
Oscuridad húmeda y piedras blancas,
turquesa es la bóveda celeste.
La telaraña vibra al escuchar mi voz.
Unidos viento y música.

Escaleras blancas al infinito azul,
coronadas por los recintos sagrados
y voces en los templos,
donde el jaguar abre sus fauces
para hacer suya esta selva.

Serpiente, sisea en mi oído la bienvenida
que tu lengua absorba mi húmedo canto
que la araña cornuda vuelva a su telar
que me entregue seda tejida con tiempo
y se adhiera a mi bronceado cuerpo.

The Rings of the Serpent

I ascend the rings of the serpent.
Green steps on iridescent scales,
the backbone leads to the jaws.
Jaguar guides me in this silent procession,
marking the rhythm of my steps.

The first image is pure jade.
Damp darkness and white stones,
turquoise is the celestial dome.
The spider web vibrates upon hearing my voice.
Wind and music united.

White staircase to the infinite blue,
crowned by sacred enclosures
and voices in the temples,
where the jaguar opens his jaws
to make this jungle his own.

Serpent, hiss greetings in my ear,
let your tongue absorb my damp song,
let the horned spider return to its loom
and give me silk woven with time
clinging to my bronze body.

Brisa celeste

La selva es el escenario.
La ceremonia comienza
con el fuego nocturno.
Las flores llenan la garganta
el diálogo divino se derrama.

La brisa celeste llega,
señal secreta para continuar.

El espíritu del jaguar ruge
a través del cuerpo prestado.
La lluvia hace más profunda
la húmeda oscuridad.

El canto de aves nocturnas
se incorpora a esta melodía,
las ranas croan en busca del agua.
De las fauces de piedra
emergen los sacerdotes.

Vueltos jaguar, uno a uno
proyectan la voz
al cielo estrellado,
llenan el pecho
de sagrado aliento.

El teponastle vibra,
las ocarinas emiten
el grito de la selva,

Celestial Breeze

The jungle is the stage.
The ceremony commences
with nocturnal fire.
Flowers fill the throat
divine dialogue spills forth.

The celestial breeze arrives,
secret signal to continue.

The spirit of the jaguar roars
through borrowed body.
Rain makes the damp darkness
more profound.

The song of nocturnal birds
merges with this melody,
frogs croak in search of water.
Priests emerge
from the jaws of stone.

Become jaguar, one by one
they project their voices
to the starry skies,
fill their chests
with sacred breath.

The teponastle vibrates,
ocarinas spread
the scream of the jungle,

la oscuridad se desvanece
cuando Venus intensifica su luz.

Jaguar habla con el rayo,
voz de trueno y huehuetl.

Áureas horas, sutiles luces
encapsulan las sílabas que
emergen de la garganta.

Los pulmones se hinchan
con el denso jade líquido.
Las cuerdas vocales
vibran con el agua.

darkness fades
when Venus intensifies her light.

Jaguar speaks with the lightning,
voice of thunder and huehuetl.

Golden hours, subtle lights
encapsulate the syllables that
emerge from the throat.

Lungs expand
with dense liquid jade.
Vocal cords
vibrate with water.

Las flores se desbordan

Habla los secretos de antaño,
piedra maya.

Blanca eternidad labrada
en intrínsecos diseños.

Las serpientes se
entrelazan en los muros.

Frente a ellas la palabra
sagrada se enuncia.

Se convoca a los sabios y poetas,
sacerdotes y emperadores.

La catarsis inicia con la noche.
Las antorchas se encienden,
el copal humea.

Es tiempo de hablar
con los primeros dioses.

La poesía se entona
y las caracolas suenan,

guían la voz junto con el
fuego de la hoguera.

Son las flores las que

Flowers Overflow

Speak the secrets of yesteryear,
Mayan stone.

White eternity wrought
in intrinsic designs.

Serpents interwoven
on walls.

Before them the word
sacred is enunciated.

Convoking sages and poets,
priests and emperors.

Catharsis originates with the night.
Torches are lit,
copal smolders.

It is time to speak
with the first gods.

Poetry is intoned
and conches sound,

they guide the voice alongside the
flames of the bonfire.

The flowers are what

ahora se desbordan,
frágiles pétalos de nube.

Los aromas nocturnos
se intensifican.

El perfume sagrado se
esparce, atrae las bestias.

La música sigue su curso
con el agua y la lluvia
cae, respuesta divina.

now overflow,
fragile cloud petals.

Nocturnal scents
intensify.

Sacred perfume
spreads, it attracts the beasts.

The music continues its course
with the water and the rain
divine response falls.

Las compuertas de jade

Serpientes y agua mezcladas,
las viperinas lenguas rozan
los colmillos enroscados
de Chaac, guía lacustre.

Densa agua subterránea lleva
en su fragor las culebras.
Son ellas las que crean la
fuerza del acuático camino.

Jaguar se agita con el viento,
huele mi esencia humana,
sus ojos recuerdan mi voz.
Se abren las compuertas de jade.

Jade Gates

Serpents and water combined,
viperish tongues graze
the coiled fangs
of Chaac, lacustrine guide.

Dense subterranean water carries
snakes in its upheaval.
They are what creates the
force of the aquatic pathway.

Jaguar aroused with the wind,
smells my human essence,
his eyes remember my voice.
Jade gates draw open.

Laberintos de roca, labyrinths of rock

VI. Dzibilnocac

En las piedras mayas

Es el viento el que
me dice sus secretos.

Me abrazan las sílabas
y las hojas que se derraman
desde las frondas más altas.

Pétreos corazones
en las crestas de estas
construcciones de antaño.

La iguana brota de las columnas
como agua desde las cavernas.

Mariposa, muéstrame el camino
a las entrañas de esta cultura.

Méteme en las grietas
y laberintos de roca.

Que los colores me guíen
en los muros pintados.

Sangre y pintura,
viento y agua
en las piedras.

Que los diseños mayas
renazcan con la luz
que los tocan.

On Mayan Stones

It is the wind that
tells me its secrets.

I am embraced by syllables
and leaves that are scattered
from the highest branches.

Stony hearts
at the peak of these
constructions from yesteryear.

The iguana wells from the columns
like water from the caves.

Butterfly, show me the path
to the heart of this culture.

Take me inside the crevasses
and labyrinths of rock.

Let the colors on painted walls
guide me.

Blood and paint,
wind and water
on the stones.

Let Mayan designs
be reborn with the light
that touches them.

Protectoras de los diseños

La historia en la piedra
me llama.

Húmeda selva, desentierra
los primeros recuerdos.

Traspasa la memoria,
escarifica los senos.

Que de la piel brote la sangre
y con ella la pasión.

Jungla de oscuridad donde
la flor de la noche nace.

Las hormigas hacen
los caminos subterráneos

en las construcciones blancas
que sobrevivieron el tiempo.

Son ellas las protectoras
de los diseños en la piedra.

Las intricadas crestas reciben
el fulgurante sol del solsticio.

Cristalino viento,
penetra los espacios vacíos.

Haz música en tu escarpado
andar para Itzamná.

Protectors of the Designs

History in stone
calls me.

Damp jungle, unearth
the first memories.

Pierce recollection,
scarify breasts.

Let blood seep from skin
and with it passion.

Jungle of darkness where
the flower of night is born.

Ants make
subterranean pathways

in the white constructions
that survived time.

They are the protectors
of the designs in stone.

Intricate peaks receive
dazzling solstice sun.

Crystalline wind,
penetrate empty spaces.

Make music in your laborious
passage toward Itzamná.

La flor de piedra

Flores de roca y serpientes,
al tocarlas cobran vida,
se marcan en la piel
como hierro ardiente.

Llevo la flor de piedra
insertada en la palma
de la mano.

Al ambarino sol incrustado
en las pupilas y el bramido
de la jungla en el corazón.

El tucán vuela y se percha
junto a las mariposas blancas,
agitado vuelo de poesía y
onírico canto.

Llevo el corazón de piedra
maya en la sangre, palpita
con el vuelo del halcón
de aguda mirada.

Los diseños los llevo tatuados
en la piel bronceada, fuego
mezclado con las células.

The Flower of Stone

Flowers of rock and serpents
come to life when you touch them,
they are marked on the skin
like burning iron.

I carry the flower of stone
inserted in the palm
of my hand.

The amber sun embedded
in my pupils and the roar
of the jungle in my heart.

The toucan flies and perches
alongside white butterflies,
turbulent flight of poetry and
oneiric song.

I carry the heart of Mayan stone
in my blood, it beats
with the flight
of sharp-gazed falcon.

The designs I carry tattooed
on my bronze skin, fire
mixed with cells.

La poesía emana desde el centro
del altar donde la voz se expande,
donde la luz se concentra
donde brota como chorro
de candentes sílabas.

Poetry emerges from the center
of the altar where my voice expands,
where light concentrates
where it springs like a stream
of red-hot syllables.

Conectado al tiempo

Las pinturas en ocre
reciben mi canto
se muestran ante
las vibrantes sílabas.

Ellas y yo en la sala antigua
donde las piedras
llevan grabadas la belleza
de la abundante selva.

La densa vegetación
reclama las estructuras,
les entierra las raíces grandes,
se mezclan con las rocas mayas.

Intricados diseños milenarios
largo edificio conectado
al tiempo, al agua y
al rugido del jaguar sagrado.

Noches bañadas de estrellas,
la poesía brota en el altar,
infinito eco guardado
en los muros blancos.

Cascada de abundantes flores
es el sonido de la selva maya.

Connected to Time

Paintings in ochre
receive my song
they reveal themselves before
vibrating syllables.

They and I in the ancient hall
where the stones
are engraved with the beauty
of the abundant jungle.

Dense vegetation
reclaims the structures,
entombs massive roots,
they merge with Mayan rocks.

Intricate millennial designs
long building connected
to time, to water and
to the roar of the sacred jaguar.

Nights bathed in stars,
poetry germinates on the altar,
infinite echo safeguarded
upon white walls.

Cascade of abundant flowers
is the sound of the Mayan jungle.

El corazón desbordado late
con la sangre de jade y el agua
de los cristalinos manantiales.

El tiempo avanza como
matutina bruma enredada
con pigmentos naturales
y las sílabas del jaguar.

Aroma a hierba milenaria
Chaac ruge al oír mi canto.

Overflowing heart beats
with the blood of jade and water
from crystalline springs.

Time advances like
morning haze entangled
with natural pigments
and the syllables of the jaguar.

Scent of millennial grasses
Chaac roars when he hears my song.

Canto en tus fauces, I sing into your jaws

VII. Tabasqueño

Sombra de hojas de jade

Sentada en tu aliento,
canto en tus fauces,
jaguar de piedra.

Canto a la sombra de la jungla,
a la humedad ancestral
encerrada en las ceibas.

Entono la voz para
la mariposa blanca
que sigue mis pasos.

Y la luz del sol me abraza
con su áureo color
en medio de esta
sombra de hojas de jade.

Shadow of Leaves of Jade

Sitting within your breath,
I sing into your jaws,
jaguar of stone.

I sing to the shadow of the jungle,
to ancestral humidity
enclosed in the ceiba trees.

I raise my voice for
the white butterfly
that follows my steps.

And the light of the sun embraces me
with its golden color
in the midst of this
shadow of leaves of jade.

Aliento de sílabas rojas

Custodiada por la luz
y la sombra nace
la pirámide blanca,
hija de Balám.

Al cielo llega el camino
de copal que de sus
entrañas emana.

Las ofrendas no se
hacen esperar y se colma
de flores el altar circular.

Corazón ardiente,
late con la naturaleza.

Las frondas susurran
los ancestrales cantos.
Música de los árboles.

El corazón se hincha,
palpita al ritmo del teponastle
y el rugido de Balám.

Aliento de sílabas rojas
se derrama en las escalinatas
que conectan la tierra
con lo celeste.

Breath of Red Syllables

Guarded by light
and shadow the white
pyramid is born,
daughter of Balam.

The path of copal
that emerges from its
entrails extends to heaven.

The offerings are not
long in coming and the circular altar
is filled with flowers.

Ardent heart,
beat with Mother Nature.

Foliage whispers
ancestral songs.
Music of the trees.

The heart swells,
it palpitates to the rhythm of the teponastle
and the roar of Balam.

Breath of red syllables
is spilled on the staircases
which connect the land
with the celestial.

Las sílabas corren
como ríos de música,
agua rítmica y
silbido de la serpiente.

Entre la filigrana de piedra blanca
Chaac escucha y baila
con el corazón sangrante.
Su garra saturada del líquido kancab.

Syllables run
like rivers of music,
rhythmic water and
serpent's whistle.

Within the filigree of white stone
Chaac listens and dances
with the bleeding heart.
His claw saturated with liquid kancab.

Sagrado espectro de la selva

La luz se difracta
en la sala maya,
la jungla trae el agua
en la atmósfera.

La piedra rosada se
vuelve blanca con
los rayos de sol.

Rastros de estuco azul
y rojo se ven en
los húmedos muros.

Aire verdiazul
traspasado por un
haz de luz blanca.

Lo ilumina todo,
humedad y piel,
antigua memoria.

Una esquina
se inunda de color.
Arriba, luz
difractada.

Arcoíris maya
sagrado espectro
de la selva.

Sacred Specter of the Jungle

Light is diffracted
in the Mayan hall,
the jungle brings water
to the atmosphere.

Pink stone
becomes white with
the rays of sunshine.

Traces of blue and red
stucco appear on
damp walls.

Bluegreen air
pierced by a
sheaf of white light.

It illuminates everything,
dampness and flesh,
ancient memory.

A corner
is flooded with color.
Above, light
diffracted.

Mayan rainbow
sacred specter
of the jungle.

Agua y polícromas
sílabas escarificadas
en el indomable rostro
del nocturno jaguar.

Vapor de hojas
descompuestas
se integra a los
verdiazules ritmos
de esta atmosfera
de oscuro jade.

Water and polychromatic
syllables scarified
in the indomitable face
of the nocturnal jaguar.

Steam off
decomposed leaves
integrates into the
bluegreen rhythms
of this atmosphere
of dark jade.

Ritmos de agua y de selva

Las fauces del jaguar
coronan la cima
rodeada de atmósfera
turquesa y áureas sílabas.

Las rocas blancas con diseños
caracol esparcidas en el tiempo.
Delante y detrás los chultunes
se llenan de ambarina lluvia.

Acumulan la historia en el agua,
en el vientre de la selva.
Los diseños geométricos
sorprenden en este andar.

Esquinas llenas de Chaac,
balsero divino, apuntan
hacia el inframundo
con su larga nariz.

Los chultunes, puertas
de entrada, se cargan
del sagrado líquido para
emprender el último viaje.

Agua celeste, llevas a venus
en tus corredores subterráneos
donde nace el siseo
de viperinas lenguas.

Rhythms of Water and Jungle

The jaws of the jaguar
crown the peak
surrounded by turquoise
atmosphere and golden syllables.

White rocks with spiral
designs scattered in time.
Before and behind, chultuns
are filled with amber rain.

They amass history in the water,
in the heart of the jungle.
Geometric designs
surprise along this route.

Corners full of Chaac,
divine ferryman, they point
toward the underworld
with his long nose.

Chultuns, the entryways,
fill up with
sacred liquid to
begin the last journey.

Celestial water, you carry Venus
in your subterranean passageways
where the hiss
of forked tongues is born.

Se graban en la roca blanca
donde las caracolas
los reciben con circulares
suspiros concéntricos.

Infinito movimiento,
fluye en los colmillos de Chaac
entrelaza luz y agua,
canales secretos.

Los guardianes divinos
cambian de piel,
sus colas bailan en armonía
con poesía en la lengua.

Las iguanas de piedra maya
cobran vida con el sol.
Ritmos de agua y de selva,
rugido de Chaac en el vientre,
el placer paraliza.

They're engraved on the white rock
where the seashells
receive them with circular
concentric sighs.

Infinite movement,
it flows in the fangs of Chaac
intertwines light and water,
secret canals.

Divine guardians
shed their skins,
their tails dance in harmony
with poetry on their tongues.

Iguanas of Mayan stone
come alive with the sun.
Rhythms of water and of jungle,
roar of Chaac in the belly,
pleasure paralyzes.

Eco de la selva

Los muros se tragan
el milenario cielo.
Policromáticas huellas
del tiempo en la jungla,
trazos de lluvia y sangre.

Enraizados en la roca
están los secretos mayas,
la voz del jaguar,
nuestros restos.

En las paredes, las frondas
de los árboles se derraman.
Abultadas y seductoras
rondan mis manos.

Exuberante verde, fuiste refugio
de aves y monos araña.
Hoy sus voces guardadas
en este trazo en la roca.

Soy testigo de los recuerdos
sagrados de la selva.
Hoy el viento susurra lamentos,
el ocaso de este recinto.

La mariposa aletea con fuerza
para deshacerse del dolor.

Echo of the Jungle

The walls swallow
the millennial sky.
Polychromatic remnants
of time in the jungle,
brushstrokes of rain and blood.

Rooted in the rock
are Mayan secrets,
the voice of the jaguar,
our remains.

On the walls, the foliage
of the trees are scattered.
Swollen and seductive
they encircle my hands.

Exuberant green, you were refuge
to birds and spider monkeys.
Today their voices safeguarded
in this line on the rock.

I am witness to the sacred
memories of the jungle.
Today the wind whispers lamentations,
the decline of this enclosure.

The butterfly flaps forcefully
to free itself from pain.

Crea ráfagas de viento que
penetran las fauces del jaguar.

Las serpientes entrelazadas
en los muros, emergen
de los oscuros huecos,
sisean agonía.

Mi voz se dibuja en el eco
de la selva que sigue
entonando una corriente
de suaves sentimientos.

It creates gusts of wind that
penetrate the jaws of the jaguar.

Serpents intertwined
in the walls emerge
from dark cavities,
they hiss anguish.

My voice is drawn in the echo
of the jungle that continues
intoning a current
of soft sentiments.

Chaac engulle mi aliento

Ofrezco mi voz a Chaac
con el dorado sol al cenit.
Las viejas murallas blancas
se extienden en la jungla.

Conjuro la palabra para
saludar los cuatro puntos
cardinales con el corazón.

El estuco color ocre responde.
El piso amarillo reclama
mis pies desnudos.

Las escalinatas rojas
se cubren de mi canto.
Ritmo de amor derramado
esta tarde turquesa.

Las blancas mariposas
persiguen mi aliento,
se incorporan al ondulado
sonido del agua
que brota de mi pecho.

Corazón de jade
refulgente música,
rugido de jaguar
en la memoria caracol.

Chaac Devours My Breath

I offer my voice to Chaac
with the golden sun at its zenith.
Old white walls
extend into the jungle.

I invoke the word to
greet the four cardinal
points with my heart.

Ochre-colored stucco responds.
The yellow floor reclaims
my bare feet.

Red staircases
cover themselves in my song.
Rhythm of spilled love
this turquoise afternoon.

White butterflies
pursue my breath,
they join the undulating
sound of the water
that wells from my chest.

Heart of jade
glorious music,
roar of jaguar
in the spiral memory.

Las iridiscentes telarañas
se agitan con las sílabas
rojas, allá, en el centro
de la líquida jungla esmeralda.

Las piedras mayas guardan
los secretos una vez más.
Soy hembra de viento,
Chaac engulle mi aliento.

Iridescent spiderwebs
shake with red syllables,
there, in the center
of the liquid emerald jungle.

Mayan stones guard
secrets once again.
I am a woman of wind,
Chaac devours my breath.

Recibes mi canto

Infinito tallado en
la blanca piedra,
milenaria pirámide
recibes mi canto.

Camino tus rocas,
tus cortes sagrados,
tus diseños precisos.

Con respeto
asciendo en silencio
hasta el aire turquesa
que inunda los pulmones.

La garganta se abre
y entono un poema
mientras turquesa
líquida fluye.

You Receive My Song

Infinity chiseled on
white stone,
millennial pyramid
you receive my song.

I walk your rocks,
your sacred edges,
your precise designs.

I climb in silence
respectfully
to the turquoise air
that floods my lungs.

My throat opens
and I intone a poem
while liquid
turquoise flows.

Tabasqueño

Restos de cerámica en el sendero
que lleva a la torre emblema.

La historia de sus habitantes
delineada con trazos negros.

Los pasos se llenan de barro.

Cristalinos verdes ensalzan
las copas de los árboles
en este andar sin tiempo.

Se filtra la luz por las
densas frondas y pinta
mapas en la alfombra
de musgo y hojas secas.

Es la sombra del jaguar la
que acompaña mis pasos.

Cada peldaño lleva su rugido.

Desde arriba desentierro
la voz de mi corazón
la garganta se expande
a las nubes.

Tabasqueño

Ceramic shards on the path
that leads to the emblematic tower.

The history of its inhabitants
delineated with black strokes.

The steps fill with mud.

Crystalline greens extol
the treetops
in this walking without time.

Light is filtered through the
dense foliage and paints
maps on the carpet
of moss and dried leaves.

The shadow of the jaguar
accompanies my footsteps.

Every step on the stairs carries his roar.

From above I disinter
the voice from my heart
my throat expands
to the clouds.

Exhalo la canción de agua
que recorre este andar
de tinta y papel.

El jaguar escucha en silencio.

Cielo limpio, nubes blancas
y rocas mayas son mi audiencia.

Canto a la mariposa blanca,
al tucán y a los tábanos
que dibujados quedaron
en los restos de vasijas
y múcuras rotas.

I exhale the song of water
that traverses this walking
of ink and paper.

The jaguar listens in silence.

Clean sky, white clouds
and Mayan rocks are my audience.

I sing to the white butterfly,
to the toucan and the horseflies
that remained drawn
on the shards of broken
urns and múcura jugs.

Corriente verde

Túnel de musgo y frondas
camino verde al origen.

Beso de oscuro jade.

La luz penetra las sombras
rompe el pasado y
conecta al presente.

Corazón de barro rojo.

Titilante andar sobre
la superficie de la historia.

Al fondo el deseo.

Jaguar de piedra
en la sagrada geometría.

Densa selva, palpita.

Aroma verde,
corriente sonora,
poesía sin tiempo.

Green Current

Tunnel of moss and fronds
green path to the origins.

Kiss of dark jade.

Light penetrates the shadows
breaks the past and
connects to the present.

Heart of red clay.

Shimmering steps upon
the surface of history.

In the background desire.

Jaguar of stone
in sacred geometry.

Dense jungle, pulsate.

Green scent,
resonant current,
poetry without time.

Mensaje carmín, carmine message

VIII. Tohcok

Doy mi voz a ti

Tu mensaje carmín
en el muro de piedra.

Geométricos diseños
el origen de mi sangre.

Mis sílabas se conectan
con los glifos de ayer.

Abro el libro en medio
de tu plaza, Tohcok.

El corazón kancab late,
ofrezco las palabras.

Palpitan al ser colocadas
en la piedra de sacrificios

mientras la obsidiana
irradia la luz del mediodía.

Se hienden las venas
se desborda la sangre.

Doy mi voz a ti,
dios del agua.

Ser de las profundidades
lacustres de la tierra.

I Give My Voice to You

Your carmine message
on the wall of stone.

Geometric designs
the origin of my blood.

My syllables connect
with the glyphs of yesteryear.

I open the book in the middle
of your plaza, Tohcok.

The kancab heart beats,
I offer the words.

They pulsate as they're placed
on the sacrificial stone

while the obsidian
radiates midday light.

Veins sliced
blood overflows.

I give my voice to you,
god of water.

Being of the lacustrine
profundities of the land.

¡Que la ceiba se alimente
de mi corriente lingüística!

¡Que mi voz fluya en la savia,
alcance las frondas y a los trece!

¡Que mis manos se sumerjan
en las raíces con los nueve!

Chaac, recibe flores de humo
de copal blanco.

Déjame cruzar el río cantando.

Let the ceiba be nourished
by my linguistic current!

Let my voice flow in the sap,
reach the branches and the thirteen!

Let my hands sink
into the roots with the nine!

Chaac, receive flowers of the smoke
of white copal.

Let me cross the river singing.

Agua de los chultunes

Profunda agua
prehispánica
de los chultunes.

Rebasa tus límites,
haz que renazca la tierra
con tu acuática esencia.

Nutre con tu corriente
y llena de líquido jade
la atmósfera en esta vida.

Que el cielo estrellado
te dé divina fuerza para
germinar las sílabas.

Entiérrate en los secretos
más profundos de las raíces
de la ceiba.

Escucha mi sonora
tormenta, este día
en la casa antigua.

Que caigan desde las
celestiales bóvedas
sonidos del agua
que seduzcan al oído.

Water of the Chultuns

Profound pre-Hispanic
water
of chultuns.

Overflow your limits,
make the land be reborn
with your aquatic essence.

Nourish with your current
and fill with liquid jade
the atmosphere of this life.

Let the starry sky
give you divine strength to
germinate the syllables.

Bury yourself in the deepest
secrets of the roots
of the ceiba.

Hear my resonant
storm, this day
in the ancient house.

Let fall from
celestial vaults
sounds of water
that seduce the ear.

Pirámide culebra, serpent pyramid

IX. Santa Rosa Xtampak

Santa Rosa Xtampak

El tiempo me convirtió
en piedra, susurras
en mi oído, nauyaca.

Solo queda el vuelo
de las charas azules
en las frondas de la ceiba.

Tu fuerza me hace temblar
y ante ti leo poesía,
pirámide culebra.

Siseas al escucharme.
Lees palabras con
tu viperina lengua.

Mi ofrecimiento te
despierta del largo sueño,
te deslizas en la hojarasca.

Buscas los lacustres caminos,
dejas la piel junto al agua maya.
Mi aliento vibra contigo.

Hojarasca divina,
alcanza las estrellas.
Llena de escamas mi cuerpo.

Santa Rosa Xtampak

Time turned me
into stone, you whisper
in my ear, nauyaca.

What remains is the flight
of the blue charas
on the branches of the ceiba.

Your strength makes me tremble
and before you I read poetry,
serpent pyramid.

You hiss when you hear me.
You read words with
forked tongue.

My offering wakes you
from your long dream,
you slip away in the bed of leaves.

You seek lacustrine paths,
you leave your skin next to Mayan water.
My breathing vibrates alongside you.

Divine bed of leaves,
reach the stars.
Fill my body with scales.

Que se bifurque mi lengua,
las sílabas se hagan rojas,
yo me vuelva piedra.

Let my tongue bifurcate,
the syllables turn red,
as I become stone.

El cuartel en Xtampak

El siseo de la nauyaca,
imperial sentimiento,
doblega el alma.

Los murales negros
de Xtampak atrapan
la esencia humana.

En las piedras mayas
se escucha el canto del pueblo
viejo de la densa selva.

La sombra del murciélago
guarda música nocturna
en las bóvedas mayas.

Afuera, en la jungla obsidiana,
en lo más alto de las ceibas
las frondas dan frutos divinos.

La nauyaca vuelve al silencio,
se enrosca en la madriguera.
Se llena de poesía y viento.

The Barracks at Xtampak

The hissing of the nauyaca,
imperial sensation,
crushes the soul.

The black murals
of Xtampak capture
the human essence.

In Mayan stones one hears
the song of the old village
in the dense jungle.

Shadow of swooping bat
watches over nocturnal music
in the Mayan dome.

Outside, in the obsidian jungle,
at the crown of the ceiba trees
foliage reveals divine fruits.

The nauyaca returns to silence,
curls up in its lair.
Fills itself with poetry and wind.

El ciempiés

Herido por la luz
derrama su veneno
en la tierra.

Sus pies no dejan
de moverse
en las raíces
de la ceiba.

Penetra el tronco
hasta alcanzar
las frondas.

Se deja llevar
por el viento.

Descansa en la cima
de la pirámide roja,
abrasante roca.

Extiende su cuerpo
brillante bajo el sol
de la exuberante selva.

Transmuta su esencia,
la piedra maya lo absorbe.

The Centipede

Wounded by the light
it spills its venom
upon the earth.

Its feet don't stop
moving
upon the roots
of the ceiba tree.

It penetrates the trunk
until reaching
the leaves.

It is swept along
by the wind.

It rests on the peak
of the red pyramid,
sizzling rock.

It extends its shiny body
beneath the sunshine
in the exuberant jungle.

It transfigures its essence,
Mayan stone absorbs it.

Esculpido en las ancestrales
rocas queda su alongado
cuerpo para la eternidad.

Sus fauces se abren
para tragar cada una de
las radiantes estrellas mayas.

Chiseled on ancestral
rocks its elongated
body remains for eternity.

Its jaws open
to swallow every one of
the radiant Mayan stars.

Te ofrezco mi voz, I offer you my voice

X. Balamkú

El templo del jaguar

Balamkú, te ofrezco mi voz.
Frente a ti me encuentro
ancestral friso sagrado.

Balám recorre la piedra
bajo el negro cielo estrellado,
un rugido alerta al oído.

Los siglos nos reúnen,
los ojos derraman líquido
canto, florido pensamiento.

Mis manos te sienten
sin verte, vibra tu voz
de selva esmeralda.

Friso sagrado, vuelvo
a ti para entregarte
sílabas de agua.

El sendero de la selva
es humo de copal,
las antorchas se encienden.

Balám, guía mis pasos
para dejar mi dulce poesía
incrustada en las piedras rojas.

The Temple of the Jaguar

Balamkú, I offer you my voice.
I find myself before you
sacred ancestral frieze.

Balam crosses the stone
beneath the starry black sky,
a roar alerts my ear.

Centuries unite us,
eyes spill liquid
song, flowery thought.

My hands feel you
without seeing you, your voice,
emerald jungle, vibrates.

Sacred frieze, I return
to you to hand you
syllables of water.

The path of the jungle
is copal smoke,
torches are lit.

Balam, guide my steps
to leave my sweet poetry
embedded in red rock.

Los versos en la atmósfera
crean un puente de refulgente luz.

No hay líquido tiempo
ni ambarina lluvia
en las páginas de cálido viento.

Me entrego a la garganta de la selva,
la música de jade absorbe mi voz,
mi esencia en los diseños de piedra.

Verses in the atmosphere
create a bridge of shimmering light.

There is no liquid time
or amber rain
on the pages of the warm wind.

I give myself to the throat of the jungle,
jade music absorbs my voice,
my essence in designs of stone.

Balamkú

Abre sus entrañas
la selva en Balamkú,
deja fluir el rugido
del sigiloso Balám.

En el vientre de intricada
piedra, kancab se derrama
lo impregna todo de carmín.
El jaguar desata el tiempo.

El lagarto abre sus fauces
espera la eternidad.
El croar divino torna
en barro al oído.

Agua purificadora
del interior de la tierra,
vuelve canto la voz de fuego.
El lirio acuático se expande.

Viento frío, libera los pies,
que fluyan como el agua.

Sagrado líquido entra
en las venas y raíces.

Que la iridiscente mariposa
azul recubra los abstraídos
ojos, les dé color.

Balamkú

The jungle in Balamkú
open its heart
lets the roar
of stealthy Balam flow.

In the belly of intricate
stone, kancab spills
impregnating everything with carmine.
The jaguar unleashes time.

The lizard opens its jaws
awaiting eternity.
Divine croaking turns
the ear to mud.

Purifying water
from inside the earth,
changes the voice of fire into song.
The waterlily expands.

Cold wind, release the feet,
that flow like water.

Sacred liquid enters
veins and roots.

Let the iridescent blue butterfly
reclaim abstract
eyes, giving them color.

Entono la palabra sagrada,
la primera desde el tiempo
antiguo, sonoros recuerdos.

Flor y canto ofrezco,
el nacarado humo de copal
enrosca su aroma en la voz.

I intone the sacred word,
the first since ancient
time, resonant memories.

Flower and song I offer,
the nacre smoke of copal
coils its aroma in my voice.

Kinich Ahau

Te revelas ante mí señor
del ojo del sol
patrono de la música
y la poesía.

Soy Ixchel, luna de agua.

En la oscura eternidad
el friso del universo
guarda tu esencia,
aroma a jaguar celeste.

El monstruo de la tierra impulsa tu ascenso.

El sol espera tu llegada,
hora áurea.

Polvo carmín recubre
los divinos diseños.

Fluye el viento, levanta el kancab.

La serpiente sisea
el ambarino futuro.
Guarda el pasado
en las escamas.

Kinich Ahau

You expose yourself before my lord
of the eye of the sun
protector of music
and poetry.

I am Ixchel, moon of water.

In dark eternity
the frieze of the universe
guards your essence,
scent of celestial jaguar.

The monster of the earth propels your ascent.

The sun awaits your arrival,
golden hour.

Carmine dust encases
divine designs.

The wind flows, the kancab arises.

The serpent hisses
amber future.
It safeguards the past
in its scales.

Con sus fuertes fauces
el lagarto muerde
el tiempo blanco
y llena de calor la morada.

Leo poesía para ti, Kinich Ahau.

El sapo entona
su croar a mi paso,
anuncia mi terrenal
presencia.

Los mascarones de jade
vibran con la voz,
entono el canto sagrado.

Soy la misma en el tiempo y el espacio.

Soy luna de agua que
agita su azulada corriente
en este brillante día.

Poesía es mi voz,
mi aliento fuego
y palabras kancab.

Poesía es mi sangre.

With strong jaws
the lizard bites
white time
and fills the abode with heat.

I read poetry for you, Kinich Ahau.

The toad croaks
its song as I pass,
it announces my earthly
presence.

Hideous jade masks
vibrate with the voice,
I intone the sacred song.

I am the same in time and space.

I am moon of water that
agitates its bluish current
on this brilliant day.

Poetry is my voice,
my breath fire
and kancab words.

Poetry is my blood.

La lengua lee, the tongue reads

XI. Chicanná

Las entrañas de la luz

En las bóvedas mayas
el fragor de la voz
se entierra.

Los mosaicos
de piedra
son eco infinito

portal que conduce
a las entrañas
de la luz.

La casa de la creatividad
recibe al caminante
con fauces abiertas.

La fuerza de Chaac se
concentra en gotas divinas.
Densa agua maya,
germina las letras.

Una urdimbre de nubes
se entreteje
en el lienzo turquesa.

Los ojos cegados por
la mariposa azul.

The Heart of Light

In Mayan domes
the roar of the voice
is buried.

Mosaics
of stone
are infinite echo

entrance that leads
to the heart
of light.

The house of creativity
receives the wayfarer
with open jaws.

The strength of Chaac is
concentrated in divine drops.
Dense Mayan water,
germinates letters.

The warp and weft of clouds
interweaves
in turquoise canvas.

Eyes blinded by
blue butterfly.

El monstruo de la tierra
traga las ofrecidas palabras.

En el aire
la lengua lee
infinita poesía.

Las iridiscentes escamas
cubren el cuerpo
en el vuelo azulado.

La garra de Balám
se ensarta con firmeza
en el palpitante pecho.

Siento el canto del
viento en la piel.

El rostro se escarifica
con símbolos eternos.

La piedra absorbe
el aroma del nocturno jaguar.

Los muros sangran
carmín ancestral.

El color de la selva
e infinito tiempo
penetran las pupilas.

The monster of the earth
swallows the offered words.

In the air
the tongue reads
infinite poetry.

Iridescent scales
cover the body
in azure flight.

The claw of Balam
is firmly skewered
in the palpitating chest.

I feel the song of the
wind on my skin.

The face is scarified
with eternal symbols.

The stone absorbs
the scent of nocturnal jaguar.

Walls bleed
ancestral carmine.

The color of the jungle
and infinite time
penetrate the pupils.

La boca de la serpiente

En la boca de la serpiente
entono el canto,
doy las letras
a la espesa selva.

Viperina lengua,
sisea conmigo.
Siente las ondulas
notas de la voz.

Incesante vibrar
emerge de la garganta
para alcanzar poesía.

La boca de la serpiente
se abre con el amanecer,
engulle este poema.

The Mouth of the Serpent

In the mouth of the serpent
I intone the song,
I give lyrics
to the dense jungle.

Viperish tongue,
hiss alongside me.
Feel the undulating
notes of the voice.

Incessant vibration
emerges from the throat
to attain poetry.

The mouth of the serpent
opens with dawn,
devours this poem.

Sílabas de viento, syllables of wind

XII. Becán

En silencio observa

Agua te rodea, Becán,
la guardiana de tus secretos,
la que fluye en los recuerdos.

Piedra cortada con precisión
en los muros, la entrada infinita
al corazón de jade líquido.

Los secretos se abren para mí
me arrodillo ante tu grandeza.
El canto de las aves envuelve
mis mortales pasos.

Balám en silencio observa
desde la cima de la pirámide,
olfatea mi esencia, descifra
mis ritmos.

En la plaza del templo circular
me escucha entonar la voz,
mi ofrecimiento al agua,
sílabas de viento.

La selva se sincroniza
con mi sagrado canto.
Camino con el viento
de fuego y obsidiana.

In Silent Observation

Water surrounds you, Becán,
guardian of your secrets,
she who flows in your memories.

Stone cut with precision
on the walls, infinite entrance
to the heart of liquid jade.

Secrets open before me
I kneel before your greatness.
The song of the birds encircles
my mortal steps.

Balam in silent observation
from the peak of the pyramid,
inhales my essence, deciphers
my rhythms.

In the plaza of the circular temple
it hears me tone my voice,
my offering to the water,
syllables of wind.

The jungle synchronizes
with my sacred song.
I walk with the wind
of fire and obsidian.

Cambio de piel

Respóndeme selva con poesía.

Entona las raíces a mi paso.

Haz temblar la tierra.

¡Ábrela!

Para que mis versos
siembren el día de luz
y sonidos ancestrales.

Que el viento escarifique
mi cuerpo y deje
huellas sagradas.

Que mi rostro toque
el agua subterránea
y el misterioso croar
nocturno marque
el camino en el círculo
de la serpiente.

Es tiempo de cambio de piel.

The Shedding of Skin

Answer me jungle with poetry.

Intone roots in my wake.

Make the earth tremble.

Open it!

So that my verses
sow the day with light
and ancestral sounds.

Let the wind scarify
my body and leave
sacred tracks.

Let my face touch
subterranean water
and the mysterious nocturnal
croaking mark
the way forward in the circle
of the serpent.

It is time for the shedding of skin.

Sangre de líquido jade, blood of liquid jade

XIII. Xpuhil

Xpuhil

Xpuhil, quiero encontrarte,
laberinto en el corazón de la jungla.
El deseo es grande.

Me transportas Xpuhil con solo mirarte.
El corazón ofrezco esta mañana a
las tres torres de mosaico de piedra.

Llevas al jaguar labrado
en el mascarón de la espalda,
ancestral orgullo en piedra.

Curativa fortaleza,
inunda el lastimado corazón.
Hilos de historia en la piel.

Sangre de líquido jade
se entrelaza con las frondas,
se sumerge en esta tierra.

Te recorro, Xpuhil.
Te escribo, Xpuhil.
Te siento en las yemas.

Las páginas absorben
la intricada historia,
el azulado cielo
y el sonido de jade
de la densa selva.

Xpuhil

Xpuhil, I want to discover you,
labyrinth in the heart of the jungle.
The desire is deep.

Just seeing you Xpuhil transports me.
I offer my heart this morning to
the three towers of mosaic in stone.

You exhibit the jaguar carved
in the mask in the back,
ancestral pride in stone.

Healing fortress,
flood the damaged heart.
Threads of history on the skin.

Blood of liquid jade
interwoven with leaves,
submerged in this soil.

I traverse you, Xpuhil.
I write you, Xpuhil.
I feel you in my fingertips.

The pages absorb
the intricate history,
blue-gray sky
and the dense jungle's
sound of jade.

Acknowledgments

Thank you to the editors of literary journals, anthologies and websites, in and on which versions of some of the poems of this volume have previously appeared.

"Vuelvo a ti" in *Periódico de Poesía*. "Edzná" and "Raíces" in *Antología de Encuentros Literarios*. "Corazón de hierba"/ "Heart of Grass", "Los primeros rayos" / "First Rays", and "Tlacuilo/Tlacuilo" in *Pleiades*. "Las Múcuras" / "The Múcura Jugs", "Las grietas viejas" / "Old Crevasses", and "Las compuertas de jade" / "Jade Gates" in *Antología de poesía por mujeres chicanas, latinas en EE.UU. y latinoamericanas*.

Elizabeth Coonrod Martínez, Sandra Kingery and Stephen Holland-Wempe for your support and being part of *Balamkú*, gracias.

Thank you to Jorge Orlando Escobedo Lara, Daniel Alberto Escobedo Pan and Jorge Orlando Escobedo Pan for guiding my steps into these archeological sites. Gracias a todos los custodios de nuestras costumbres y tradiciones mayas que me abrieron las puertas en cada uno de estos sitios arqueológicos en la selva baja de Campeche, México y a los ancestros que cuidaron y facilitaron mis pasos en estos tres viajes.

Xánath Caraza is a traveler, educator, poet, short story writer, and translator. She writes for *La Bloga, The Smithsonian Latino Center, Revista Literaria Monolito,* and *Seattle Escribe*. In 2018 for the International Latino Book Awards she received First Place for *Lágrima* roja for "Best Book of Poetry in Spanish by One Author" and First Place for *Sin preámbulos / Without Preamble* for "Best Book of Bilingual Poetry by One Author". Her book of poetry *Syllables of Wind / Sílabas de viento* received the 2015 International Book Award for Poetry. Caraza was the recipient of the 2014 Beca Nebrija para Creadores, Universidad de Alcalá de Henares in Spain. She is Writer-in-Residence at Westchester Community College, New York since 2016. Her books of verse *Where the Light is Violet, Black Ink, Ocelocíhuatl, Conjuro* and her book of short fiction *What the Tide Brings* have won national and international recognition. Her other books of poetry are *Hudson, Le sillabe del vento, Noche de colibríes, Corazón pintado,* and her second short story collection, *Metztli*. Caraza has been translated into English, Italian, Rumanian, and Greek; and partially translated into Nahuatl, Portuguese, Hindi, and Turkish.

EDITORIAL
Pandora Lobo Estepario Productions™
http://www.loboestepario.com/press
Chicago/Oaxaca

www.ingramcontent.com/pod-product-compliance
Lightning Source LLC
LaVergne TN
LVHW091251080426
835510LV00007B/209